LETTRE
D'UN
RELIGIEUX BENEDICTIN,
A SON ALTESSE ROYALE
MADAME
L'ABBESSE DE CHELLES,

Sur ce qui s'est passé de plus édifiant à Aix pendant la Contagion.

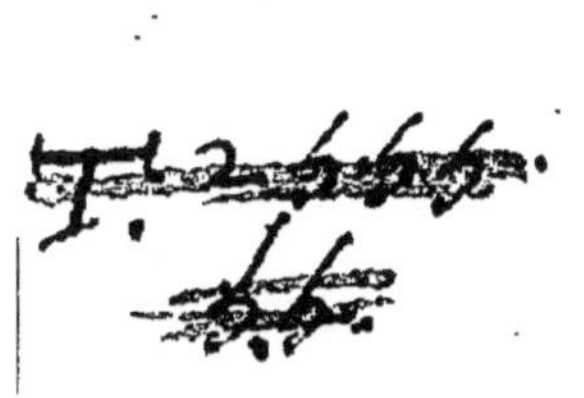

A PARIS,
Chez JEAN-BAPTISTE SAMSON, Quay des Augustins, à l'Image S. Maur.

M. DCC. XXIII.
Avec Privilege, & Approbation.

LETTRE

D'UN

RELIGIEUX BENEDICTIN,

A SON ALTESSE ROYALE

MADAME

L'ABBESSE DE CHELLES,

Sur ce qui s'est passé de plus édifiant à Aix pendant la Contagion.

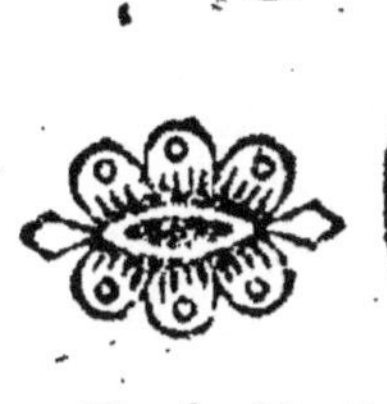

A PARIS,

Chez JEAN-BAPTISTE SAMSON, Quay des Augustins, à l'Image S. Maur.

M. DCC. XXIII.

Avec Privilege, & Approbation.

A

SON ALTESSE ROYALLE

MADAME

D'ORLEANS,

ABBESSE DE CHELLES.

ADAME,

J'obéis à l'ordre que VOTRE ALTESSE ROYALLE m'a donné de faire une relationde monvoyage à Aix, & de ce que j'y ay vû de plus édifiant pendant la contagion.

Je ne m'y ferois jamais determiné ; & j'aurois toûjours apprehendé de mettre au jour des faits qui ne peuvent être goûtez, que par ceux qui sont animez de la même foy qui les a produits, & de presenter les objets effrayans du plus terrible fleau de la colere de Dieu, à ceux pour qui le souvenir de la mort fut toûjours amer, & difficile à soutenir. Mais quand j'ai consideré que je l'offrois à une illustre Princesse, qui des grandeurs humaines ne s'est fait qu'un degré pour s'élever plus aisement à Dieu; dont les premieres voyes ont été marquées par une intrepidité chrétienne; & qui dans toutes les occasions paroît braver la mort pour devenir le soûtien, la force & la consolation des malades : j'ai crû ne devoir plus hesiter, je n'ay plus rien vû qui dût me retenir ; & j'ai même eu confiance qu'elle liroit cette petite relation avec plaisir , comme elle en a entendu une partie avec bonté. Au reste, MADAME, je me tiens dans les bornes de ce dont j'ai été temoin oculaire, & je chercherai moins à plaire qu'à toucher, moins à contenter la curiosité qu'à édifier. C'est la fin que VOTRE ALTESSE ROYALLE m'a fait envisager, c'est ceque je me suis proposé, & je ne me suis étudié qu'à ce point. Heureux si j'ai pû y réussir en quelque maniere, & si en cherchant uniquement à marquer mon zele & ma soumission pour VOTRE ALTESSE ROYALLE, je puis contribuer à avancer le regne de Dieu & à accomplir sa sainte volonté qui est la sanctification de nos ames.

LA contagion, dont on ne pouvoit plus douter que Marseille ne fut affligée, faisoit tous les jours de nouveaux progrés, & donnoit l'allarme dans toute la Provence. L'ordre si necessaire dans ces sortes de calamitez n'avoit pû malgré les soins infatigables des Magistrats & Echevins de cette Ville infortunée, être encore établi comme il le fut dans la suite, & le manque de vivres & de soulagemens augmentoit tellement le mal, qu'on ne pouvoit en soutenir le recit sans verser des larmes, quand nous en eumes la premiere nouvelle. Je demeurois à Aniane, qui n'est distant de Montpelier que de quatre lieuës, & le dixiéme d'Aoust 1720 nous y reçûmes une lettre, dont le contenu nous penetra mes confreres & moy d'une douleur que je ne puis exprimer. Quoique le mal n'eut pas encore deployé toute sa violence, ni exercé toutes ses fureurs, on le representoit comme un feu qui devoroit tous ceux sur qui il tomboit, ne laissant personne dans les maisons où il frappoit; allarmant ceux qu'il n'enlevoit pas, à un point, que l'humanité sembloit ceder au desir de s'en mettre à couvert : que le frere fuyoit le frere, la mere laissoit l'enfant, le fils méconnoissoit le pere; & que l'on voyoit des gens perir faute des plus petits secours. Les malheurs de cette Ville desolée y étoient décrits avec des couleurs si vives, que nous en fûmes tous saisis, & je ne pus m'empêcher de dire: Verrons nous donc ainsi nos freres perir sans assistance ? allons & mourons avec eux, je vais écrire au R. P. General pour en demander la permission & s'il me l'accorde, quand je ne ferois que porter quelque goute d'eau à un pauvre malade, j'exercerai toûjours la charité, & flechirai peut-être la misericorde de Dieu.

Je me retirai plein de ce desir, & dés le même jour, j'écrivis une lettre au R. P. General pour lui marquer mes dispositions, & le prier de ne pas me refuser la consolation d'aller secourir mes freres. Je l'engageois par tout ce que je croyois plus propre à le toucher; & comme dans l'entretien que nous avions eu sur ce sujet, j'avois remarqué qu'un de nos confreres nommé D. Antoine Garonne avoit paru le plus touché, & que je croyois avoir aperçu dans lui la même ardeur dont je brûlois, j'allai lui faire la lecture de ma lettre. Mon dessein étoit de l'engager à la signer & à faire la même demande, & il ne me fallut pas beaucoup le presser pour l'y faire consentir: il s'y porta même avec plaisir, & j'eus la consolation de voir que le zele dont il étoit animé sembloit ne lui laisser de peine à cet égard que celle d'avoir été prévenu.

Nous attendîmes long-tems la réponse du T. R. Pere, & je desesperois presque d'obtenir ma permission, lorsque six semaines aprés je reçûs cette réponse si desirée dans notre Monastere de saint Ibery, où j'étois allé aider nos Peres & les soulager pendant leurs vendanges. Ma joye fut d'autant plus grande, que j'y comptois moins, & quand j'eus fait la lecture de cette lettre, je me déterminai à partir le lendemain pour retourner à Aniane, me disposer à partir, & attendre le compagnon que le R. P. General me désignoit au lieu de celui qui avoit signé ma lettre. Or tel étoit le contenu de la lettre du T. R. P. General. *Si vous persistez, mon Reverend Pere, à vouloir vous sacrifier au service des malades attaquez de la contagion de la Ville de Marseille, ou autres endroits de la Provence, vous pouvez vous associer avec D. Jean Raymond de la Gorrée, qui m'a écrit depuis quelques jours qu'il avoit la même devotion. En ce cas là vous pouvez l'attendre à Aniane, où je lui ai marqué de vous aller joindre ; vous pourrez prendre 2000 livres pour votre voyage; & quand vous serez à Marseille ou ailleurs, vous me rendrez compte de tout ce qui s'y passe, & je vous y enverrai de quoi faire des aumônes, je me recommande à vos saints sacrifices, & suis, &c. Signé F. Denis de sainte Marthe.*

Il est aisé de juger que D. Garone fut mortifié de voir que le T. R. P. ne faisoit aucune mention de lui, mais son temps n'étoit pas encore venu : il enseignoit pour lors la Theologie à nos jeunes confreres, & le R. P. General n'avoit pas jugé à propos de lui permettre de quitter son cours. D. Jean de la Gorrée arriva enfin la veille de la feste de tous les Saints, que nous passâmes à Aniane, & dés le lendemain nous pensâmes à nous pourvoir de ce que nous croiïons plus necessaire pour notre dessein. Comme notre principal but étoit le soulagement des pauvres abandonnez, nous crûmes qu'il seroit à propos de nous munir de quelques drogues que nous pourrions leur donner, ou comme preservatifs, ou veritablement comme remedes ; & nous fîmes provision de plusieurs que nous jugeâmes les meilleurs, comme confection d'Hiacinthe d'Alkerme &c. Theriaque, eau-de-vie, eau de genievre & autres dont nous remplîmes une Caisse.

Nous avions acheté aussi des chevauxpour nous & pour le transport de notre caisse, tout étoit disposé, rien ne nous arrêtoit: je n'étois plus occupé que des moïens de me soustraire aux larmes de ma mere sans lui donner su et de plainte, & de lui rendre en même tems les devoirs d'un veritable enfant, à la veille d'un voyage dont je regardois l'éternité comme le terme, sans m'exposer au combat interieur de la tendresse naturelle avec la religion. Je pris la resolution de prier D. de la Gorrée de partir un jour avant moi & de passer à Montpellier pour prendre en mon nom congé de ma mere & de toute notre famille ; je lui donnai rendez-vous à Lunel pour le jour de la saint Martin, & il commença à se mettre en route le 9. Novembre.

Je le suivis, comme je l'avois promis, & j'arrivai au jour marqué à Lunel : mais que ne ressentis-je point quand je passai à la vûë & sous les murs pour ainsi dire de Montpellier ! j'étouffai tous les sentimens d'un amour juste par un amour encore plus juste, je reflechis que je ne pouvois mieux commencer le sacrifice que je faiſois de ma vie pour J. C. que par cet acte de détachement ; & aprés m'être arrêté l'eſpace d'un *Pater* & d'un *Ave* devant cette Ville, je continuai ma route en lui donnant ma benediction, & lui diſant adieu pour toûjours.

Je trouvai à Lunel le cher compagnon que la providence m'avoit donné, & nous nous rendîmes enſemble le lendemain à Nîmes, où nous ſéjournâmes, pour celebrer la feſte de tous les ſaints de notre ordre, dans notre petit hoſpice de ſaint Bauzile. Le 14. nous en partîmes dans le deſſein d'aller coucher à notre Monaſtere de ſaint André de Villeneuve léz Avignon: & en effet mon compagnon s'y rendit ; mais étant à la vûë de la ſainte Montagne de Rocheſort, je me ſentis preſſé du deſir d'y aller faire mes devotions, & implorer l'aſſiſtance de la tres-ſainte Vierge qu'on y honore d'un culte particulier.

Je priai mon compagnon de permettre que j'y fusse, & que je me separasse de lui pour quelque tems; je lui representai que j'étois bien aise d'y faire une retraite de dix jours, pour faire une revûë & une confession generale de toute ma vie & me disposer ainsi à tout évenement, & à une mort que je regardois comme certaine. Il y consentit avec bonté, d'autant plus que nous n'avions pas encore reçû réponse de Monseigneur l'Evêque de Marseille, auquel nous nous étions donné l'honneur d'écrire pour lui offrir nos services : & j'eus le tems de satisfaire ma dévotion.

Nous ne reçûmes la réponse du Prélat qu'à S. André. Elle contenoit substance, que la contagion sembloit tendre à sa fin ; qu'il ne manquoit pas d'ouvriers évangeliques pour le service des malades ; qu'il ſeroit inutile de nous expoſer ſans neceſſité, que cependant nous lui ferions plaiſir de lui marquer le lieu où il pourroit nous trouver pour nous appeller, au cas que le feu de la contagion ſe rallumât.

Rien de plus honneſte que cette lettre, elle n'eſtoit remplie que de témoignages de bontez, elle ne nous contenta pas cependant ; ſi elle nous rejoüiſſoit en nous apprenant que le mal diminuoit, elle nous affligeoit en nous liant, pour ainſi dire, les mains & nous arrêtant dans notre projet. Mais ſur la nouvelle que nous reçûmes que le venin peſtilentiel s'étoit porté juſqu'à Aix, qu'on commençoit à y reſſentir ſes funeſtes effets, & que quelques précautions qu'on eût priſe pour en garantir cette Ville, le feu de la contagion s'y allumoit d'une maniere à laiſſer tout à apprehender, nous prîmes le parti de tenter ſi nous ne pourrions pas satisfaire notre inclination dans cette derniere Ville. (*a*) Nous écrivîmes à Monseigneur l'Archevêque d'Avignon, (*b*) pour le prier d'obtenir notre mission de Monseigneur l'Archevêque d'Aix, & quelques jours aprés nous eûmes la consolation de recevoir par Monseigneur l'Archevêque d'Avignon, une lettre de Monseigneur l'Archevêque d'Aix, conforme à nos sentimens. Ce Prelat, dont j'aurai occasion de relever le zele & de raconter les vertus, marquoit que nous n'avions qu'à partir, qu'il avoit besoin de secours, qu'il nous recevroit avec joye, & que nous lui ferions plaisir d'aller descendre à son Palais à notre arrivée.

(a) La peste y avoit commencé au mois d'Octobre, & y avoit fait d'autant plus de ravage, que suivant le raport des Medecins & Chirurgiens, le venin en étoit encore plus dangereux que de celle de Marseille.

(b) François Maurice Gontier de Turin.

Pouvions nous recevoir une nouvelle plus agréable, & en elle-même, & dans ses circonstances? servir Dieu & Jesus-Christ dans ses membres étoit un sujet de joye; mais être soutenu dans cet employ des bontez & des exemples d'un Prelat distingué, n'en étoit pas un surcroît peu considerable.

Ce fut la veille de la Conception que nous reçûmes cette lettre: nous celebrâmes la feste à notre Monastere de saint André, & le lendemain nous passâmes le Rône pour aller témoigner notre reconnoissance à Monseigneur l'Archevêque d'Avignon, le remercier des soins qu'il s'étoit donné, & prendre ses ordres & sa benediction pour notre départ. On ne peut exprimer la bonté & la tendresse vrayement paternelle que ce Prelat nous temoinât; sa compassion tendre pour cette pauvre Ville affligée dont il plaignoit les habitans comme s'ils eussent été ses propres oüailles, la joye qu'il ressentoit de nous voir disposez à les aller servir, le zele qui l'animoit de telle sorte qu'il sembloit nous porter envie & souhaiter d'être particulier pour se joindre à nous, sa solicitude particulierepour son troupeau, pour lequel il apprehendoit ; tous les differens mouvemens de son cœur paroissoient successivement dans l'entretien dont il nous honora. Veritablement Vicaire du chef des chrétiens dont il avoit la charité, veritablement Pasteur prest à donner son sang & à exposer sa vie pour ses brebis comme il l'a bien fait voir dans la suite, & veritablement digne de toute loüange devant Dieu & devant les hommes.

Il ne nous laissa pas partir sans nous donner une nouvelle marque de son attention, il envoya un de ses

ſes domeſtiques pour nous accompagner juſqu'au bord de la Durance, il nous adreſſa à un Monſieur de ſes amis qui nous reçût chez lui au Bourg de Nove, où nous fûmes coucher, & nous continua ainſi ſes honnêtetez autant qu'il lui fût poſſible.

Le lendemain onziéme Decembre, nous revînmes ſur nos pas pour aller à Barbantane, lieu ſitué ſur le bord du Rône, pour y rendre nos devoirs à Monſieur le Bret premier Preſident du Parlement d'Aix, & Intendant de Provence. Notre deſſein étoit de lui demander une route aſſurée pour nous rendre à Aix, & il nous l'accorda avec toutes les démonſtrations de bonté que nous pouvions attendre. Toute la France a ſçû les ſoins infatigables qu'a pris ce Magiſtrat pour maintenir l'abondance dans une Province, dont l'amour de la vie &

l'horreur de la mort empêchoit d'approcher ceux qui pouvoient y porter des secours, & pour y entretenir un ordre que la desolation où en étoient les habitans, étoit à chaque instant sur le point de renverser ; sa memoire & son nom est & sera toûjours en benediction dans la Provence, & tant qu'on se souviendra du terrible fleau qui en a affligé les principales Villes, on se souviendra de ce nouveau Joseph, qui en a été le liberateur.

Charmez des manieres gratieuses & obligeantes avec lesquelles il nous avoit reçû, nous retournâmes à Nove, & nous en partîmes le lendemain pour aller coucher à Malemort. Ce fut là où nous commençâmes à nous appercevoir des funestes impressions que fait l'idée de la peste, même sur les esprits. Quoique ce lieu ne fut point infecté, il sembloit que la crainte de prendre cet horrible mal en avoit entierement changé les habitans; ils redoutoient la vûë d'un étranger, tout leur étoit suspect : & la maniere dont on nous y reçût, nous fit assez comprendre que l'on nous en verroit sortir avec joye. Nous n'avions pas non plus dessein d'y faire grand sejour, & dés le lendemain matin nous en sortîmes pour nous rendre à Aix. Nous allâmes diner à Lambese petite Ville qui n'en est éloigné que de trois lieuës, & où se tiennent les Estats de Provence; & à quelque distance de cet endroit, nous apperçûmes un Village fermé nommé saint Canat, où étoit la contagion. Nous n'y pûmes jetter les yeux sans être émûs de compassion. Mais nous nous contentâmes d'élever notre cœur vers Dieu, & de lui adresser nos vœux pour les pauvres malades qui y étoient renfermez; le desir d'arriver au terme de notre voyage nous pressoit ; & il nous tardoit de ne pas arriver. Mais quels furent les mouvemens dont nous nous sentîmes agitez, quand nous vîmes les murs d'Aix ? on peut mieux les concevoir que les exprimer. Voilà donc enfin, nous dîmes-nous reciproquement, le lieu de notre demeure, voilà le lieu où Dieu paroît si sensiblement exercer sa justice, & où nous venons chercher sa misericorde, nous pourrons bien en partir pour l'éternité, & c'est ce que nous y venons chercher ; fasse le Ciel, que ce soit pour joüir de celui dont nous croyons suivre la voix, & pour nous réunir à celui dans lequel seul nous mettons notre esperance.

Ces paroles mutuelles nous attendrirent & tout émûs nous descendîmes de cheval pour nous mettre à genoux, & offrir au Seigneur le Sacrifice volontaire que nous lui faisions de notre vie ; & aprés une courte priere nous entrâmes dans la ville & nous allâmes descendre au Palais Archi-Episcopal, comme Monseigneur l'Archevêque nous l'avoit permis.

Malgré l'embarras où le soin qu'il prenoit de tout, le jettoit, ce Prélat nous reçût avec des témoignages de l'amitié la plus tendre : il ne voulut point cependant nous permettre d'aller suivant notre desir dés le lendemain dans les Infirmeries, quoi qu'il s'exposât lui-même avec une intrepidité admirable, il voulut ne nous exposer à l'air pestilentiel, que pour ainsi dire par degrés, & nous retint auprés de lui jusqu'à la veille de Noël. Nous logions dans son Seminaire & tous les jours il nous faisoit l'honneur de nous admettre à sa table, nous n'y voiions, nous n'y entendions que des choses d'édification,

& tout dans ce Palais respectable faisoit voir cet esprit de foy comparable à celle des premiers siecles ; cette ardente charité & ce zele é-puré dont son sacré chef étoit rempli. Les Ecclesiastiques qu'il s'étoit choisi pour partager le poids du ministere, le secondoient autant qu'il le pouvoit souhaiter : le même cœur les tenoit fortement & inviolablement attachez à lui, le même esprit les conduisoit ; ils alloient au danger comme s'ils avoient esté à une couronne certaine ; je voudrois avoir leurs noms présens pour en consacrer la mémoire & leur rendre les éloges qui leur sont dûs ; mais je ne puis me dispenser de parler de M. de Villeneuve, Grand Vicaire & Superieur du Seminaire ; c'étoit sur ce saint Prestre que tomboit tout le fardeau & tout le soin du Spirituel de ce Diocese, & il s'y donnoit avec un zele infatigable : c'étoit peu, il alloit avec un courage sans pareil visiter dans les maisons particulieres ceux qui avoient besoin de secours ; il consoloit les uns, soutenoit les autres, & ajoûtoit toûjours l'aumône aux instructions spirituelles ; il se transportoit trés-souvent aux Infirmeries pour s'informer du soin qu'on prenoit des malades ; sa charité & son zéle sembloient le multiplier pour le faire trouver en tous les endroits où il pouvoit faire quelque bien, & je lui dois ce témoignage que souvent il m'a dit qu'il n'auroit point eû de plus grande joye que de s'enfermer avec nous pour se donner uniquement & tout entier aux malades. Tant & de si grands exemples nous soûtenoient dans notre resolution, nous excitoient de plus en plus & nous faisoient regretter le tems que nous n'emploiïons pas à la charité.

mais un nouveau sujet d'édification acheva de nous faire admirer ce que peut l'esprit de la foy dans ceux qui en sont remplis. Deux Demoiselles nommées de Ribe, natives du lieu de Rognes & de trés-honneste famille, se presenterent à la porte du Seminaire & exposerent le dessein qui les avoit amenées. L'une étoit âgée de 19 à 20 ans, & l'autre de 20 à 21. Toutes deux sœurs elles avoient esté inspirées du même desir & en avoient fait chacune en particulier ouverture à leur Directeur, qui leur conseilla de se communiquer & de s'ouvrir ensemble sur leur vocation ; elles s'estoient arrachées du sein de leur famille pour venir se sacrifier au service des malades. M. le Grand Vicaire leur fit l'accüeil que meritoit une vertu si heroïque, & d'abord elles furent à l'Eglise pour faire leurs devotions, se confesser & communier. Nous n'eûmes n'eûmes pas plûtôt appris cette nouvelle, mon Compagnon & moi, que brûlans du desir de voir des ames si favorisées du Ciel, nous fumes les attendre au Parloir du Seminaire, où elles se rendirent aprés avoir satisfait à leur pieté. Nous leur fimes notre compliment, nous leur marquames la joie que nous ressentions de voir leur courage & leur grande foy, & elles nous répondirent en des termes qui marquoient que leur humilité étoit aussi profonde, que leur vertu étoit éminente. Ensuite nous leur offrimes à chacune une Medaille de S. Benoist, en leur disant qu'elle pourroit les garantir de la peste : mais comme si notre proposition les eût étonnées, elles nous repliquerent en souriant : *Certes, mes Reverends Peres, si elles nous doivent preserver de la peste, & nous garantir de la mort, nous n'en voulons point :*

la Providence disposera de nous ainsi qu'elle jugera à propos ; nous voulons nous abandonner entiérement à elle. On les envoya chez un honnête Bourgeois, où on leur fit porter à dîner, & sur les deux ou trois heures aprés midy, sans autre délay, elles passerent aux Infirmeries.

Il y en avoit trois disposées pour recevoir les malades, qu'on ne souffroit point dans la ville ; toutes trois hors des murs, & entiérement isolées. La premiere & la plus grande étoit celle de l'Hôpital, dont on avoit fait sortir les Pauvres dés le commencement de la contagion, pour les loger aux Chartreux ; la seconde étoit aux Minimes, & la troisiéme à l'Arc, prés la riviere du même nom· Ce fut à la premiere que furent envoyées ces Demoiselles, elles y exercerent leur charité, autant que les forces le leur permirent : & l'on peut dire, presque jusqu'au dernier moment de leur vie.

Pour nous, nous attendions toûjours qu'il y eût dans quelque Infirmerie des places vacantes : car Mgr. l'Archevêque ne nous vouloit laisser aller qu'à cette occasion ; & enfin le 24. Decembre, veille de Noël, nous apprimes qu'un Reverend Pere Jesuite, & un Pere Recollet venoient de mourir. Ils avoient tous deux gagné la maladie dans l'exercice actuel de la charité, & suivi plusieurs autres de leurs Peres qui s'étoient comme eux sacrifiez pour servir J. C. dans ses membres. Nous saisîmes cette occasion, pour presser Mgr. l'Archevêque de nous envoyer ; mais ce Prelat, malgré l'espece de promesse qu'il nous avoit faite, ne pouvoit se déterminer à nous laisser aller. Sa bonté naturelle le retenoit encore ; ce ne fut qu'en pleurant qu'il nous donna notre Miſſion & ſa Benediction ; que nous reçûmes comme ſi elle nous avoit été donnée d'en haut ; il eut même la bonté de ſe trouver aux barrieres des Infirmeries, pour nous y donner un dernier témoignage de ſa tendreſſe, & nous embraſſer paternellement.

Nous entrames donc enfin dans l'Infirmerie, & on nous logea avec les autres Confeſſeurs, Chirurgiens, Medecins & autres, dans le Convent des Peres Recollets, qui en étoit voiſin. J'avouërai icy franchement que je n'y trouvai pas tout l'ordre qui auroit dû y être. J'avois admiré dans la Ville la police qui s'y obſervoit par l'attention de Mgr. l'Archevêque, & par la vigilance de Mr de Vauvenargue, qui y commandoit. Il y avoit mis une telle regle, que ſi les moyens humains ne devenoient pas inutiles où la Juſtice de Dieu agit manifeſtement, on auroit pû esperer la cessation de la peste ; & il la faisoit observer avec vigueur, s'y donnant lui-même avec une activité & une ardeûr extrême, allant sans redouter le peril dans tous les endroits où sa presence étoit necessaire, & forçant les plus lâches, par son exemple, à ne point molir, ni reculer. Aucun Malade ne pouvoit, comme j'ai déja dit, séjourner dans la ville, on le transportoit dabord aux Infirmeries. Les Quarantaines étoient exactement observées, on ne permettoit à aucun de ceux qui avoient été attaquez, de se trouver dans la societé, s'il n'avoit donné cette preuve de son rétablissement : la Garde étoit exacte à toutes les portes qui pouvoient donner entrée à quelque chose de suspect ; on examinoit tout, on visitoit tout, on veilloit à tout, & cet ordre merveilleux s'observoit sans confusion, & pour ainsi dire, ſans peine, parce que le travail en étoit diſtribué avec prudence.

Mais dans les Infirmeries il y avoit plus de confuſion; quoyqu'il y eût quelque ſubordination, il y avoit ſi peu de fermeté à la ſoûtenir, que chacun, pour ainſi dire, y étoit maître; le nombre des Infirmiers & des Infirmieres étoit aſſez, & même plus que ſuffiſant, pour ſoûlager & veiller les malades; mais n'étant point reglez dans leurs occupations, ils s'embarraſſoient en les ſervant, & plus ils étoient, moins ils ſembloient agir; l'abondance de toutes les choſes neceſſaires y étoit, mais ces choſes étoient ſi mal diſtribuées, qu'on en diſſipoit autant qu'on en uſoit; les Salles étoient vaſtes, les Lits bien rangez & bien garnis: mais il regnoit par tout une mal-propreté extraordinaire, qui cauſoit une infection, ſeule capable de décourager les plus zelez.

Telle étoit la triste situation de notre Infirmerie, où cependant la plûpart de ceux qui y étoient, marquoient un zele & une ardeur surprenante: si le succez n'étoit pas de même, c'est que l'experience ne répondoit pas à leur bonne volonté.

Le lendemain de notre arrivée, nous commençames à entrer en exercice, je veux dire, à confesser, & à administrer les Sacremens aux malades, qu'on amenoit continuellement de la ville. Jusques là nous n'avions vû les effets de la peste que, pour ainsi dire, de loin ; mais nous commençames à les voir de plus prés. Souvent quand on ouvroit les chaises, dans lesquelles on amenoit de la ville les pauvres affligez, au lieu d'un malade, on étoit surpris de ne trouver qu'un cadavre: d'autres fois on les trouvoit agonizans, & il falloit sur le champ, & dans cette même chaise, leur adminiſtrer les Sacremens comme on le pouvoit, ſuivant leur état & les circonſtances; quelques fois ils periſſoient à nos yeux en les recevant, & ne nous laiſſoient que la triſte conſolation de leur pouvoir donner une derniere abſolution. La nature fremiſſoit en moy à tous ces ſpectacles; mais le lendemain, jour de S. Eſtienne, j'en eus un autre, que j'avouërai ingenuëment que je ne pûs ſoûtenir. J'étois à la fenêtre de ma chambre, récitant mon Office, lorſque j'entendis rouler le funeſte tombereau, qui portoit pour le premier voyage les cadavres de ce jour-là; je m'avançai pour regarder, mais un aſpect ſi horrible me frappa tellement, que je reculai à l'inſtant. Il y avoit dans ce tombereau environ 20. cadavres, dont les viſages decouverts, & pour la pluſpart défigurez, ajoûtoient à l'horreur naturelle qu'on a pour des corps morts. Comme les vapeurs contagieuſes, qui en exhaloient continuellement, ne permettoient pas qu'on ſe donnât toute la peine neceſſaire pour les ranger; on voyoit les bras des uns, les pieds, la tête des autres, pendre d'un & d'autre côté du tombereau; enfin, tout contribuoit à rendre ce ſpectacle des plus effrayans. J'eus honte de ma foibleſſe, mais je ne pûs dans l'abord prendre le deſſus: & ce ne fut qu'aprés pluſieurs reflexions, & aprés avoir demandé de nouveau le ſecours de Dieu, que je me hazardai à me vaincre. Je me ſentois preſſé interieurement de faire en cette occaſion un acte de generoſité chrêtienne, mais je ne pus m'y reſoudre qu'au ſecond voyage du même tombereau, que j'accompagnai juſqu'au foſſé: d'où, aprés quelques prieres que je fis pour le repos des ames de ceux qui y étoient enſevelis, je fus à la Chapelle de l'Hôpital, tout fortifié interieurement, & je continuai d'y confesser, & administrer les Sacremens, comme j'avois fait la veille.

Ce même jour un R. P. Carme, par un zele toûjours à louer, parce qu'il avoit pour but la gloire de Dieu, mais peu discret, à cause du danger, s'avisa de faire chanter les Vêpres dans la Chapelle de l'Hôpital, où nous recevions tous les malades, & d'y donner la Benediction du S. Sacrement. Ce bon Religieux suivoit en cela les mouvemens de sa devotion ; mais il ne faisoit pas attention que l'assemblage qu'il faisoit dans cette Chapelle, causoit une communication dangereuse de ceux qui se portoient bien, avec les convalescens qui venoient indifferemment à cet Office, & qui par leur souffle dans un endroit renfermé pouvoient plus aisément com muniquer le mal. Je le priai, mais trop tard, pour sa propre conservation, de mettre des bornes á son zele, & de se souvenir des précautions qu'on gardoit dans la ville, où on tenoit fermées les Eglises publiques pour empêcher la communication, qui étoit le plus grand obstacle á la cessation de la peste : que pour satisfaire à la devotion du peuple sans aucun danger, on y avoit crû plus á propos de dresser des Autels dans les ruës pour y dire de tems en tems la sainte Messe, que les Fideles entendoient chacun de leurs maisons. Il entra assez dans ce que je lui representai, pour me témoigner avec humilité qu'il n'avoit pas assez reflêchi sur ces inconveniens. Il me promit qu'il ne le feroit plus, & il ne fut pas longtems en état de pouvoir le faire : car dés le même soir il fut pris de la contagion, & en mourut le lendemain. Il me fit ſentir dans ces derniers momens que ce n'avoit été que le deſir de procurer la gloire de Dieu, & de donner quelque conſolation aux Malades, qui l'avoit porté á cette devotion. Il fit une mort qui répondoit au zele qu'il avoit marqué, & reçût les Sacremens, que j'eus le bonheur de lui adminiſtrer, avec des ſentimens non ſeulement chrêtiens, mais dignes d'un vrai prédeſtiné.

Le jour de S. Jean, la plus jeune des deux Demoiſelles de Ribe, dont j'ai parlé cy-deſſus qui depuis deux jours avoit été attaquée, ſuccomba ſous la violence du mal, & mourut ſur les cinq heures. On peut juger des ſentimens qu'elle fit voir dans ce paſſage, par la maniere heroique avec laquelle elle s'y étoit préparée; mais je ne puis taire la fermeté de ſa chere ſœur, qui l'exhorta elle-même, la ſoûtint dans les derniers momens de sa vie, & sembloit n'avoir de peine, que de ce qu'elle mouroit avant elle. L'œil sec, & le cœur plein d'une sainte joie, elle lui ferma les yeux ; aidée de quelqu'une de ses compagnes, elle la revêtit de ce qu'elle avoit de plus propre, & porta le courage jusqu'à coudre elle-même ses habits pour l'ensevelir en quelque maniere. Je ne savois rien de cette mort, lorsque je la vis qui venoit pour se confesser ; elle ne me témoigna rien ni devant, ni aprés sa Confession qui pût me le faire soupçonner, je ne l'appris que lorsque je fus me revêtir pour dire la sainte Messe. Un des Infirmiers qui devoit me la servir, vint me trouver, & me demanda si je savois que Mademoiselle de Rlibe étoit morte ; je lui dis que je n'en avois rien appris, que comme on ne faisoit le compte des morts que sur les huit heures, je n'avois pû encore rien en apprendre ; que j'étois d'autant plus surpris de la nouvelle qu'il m'en disoit, que je sortois d'avec sa sœur, qui ne m'en avoit pas parlé. *Au reste*, ajoûtai-je, *si cela est vrai, il faut prier Dieu pour elle, & j'ai confiance qu'elle priera aussi pour nous.* Je repassois cependant en moi-même ce que j'avois vû, & ce que j'apprenois : j'étois moins frappé de la mort de la jeune Demoiselle, quelque sensible que j'y fusse, que de la grande foy de sa sœur : je dis la Messe, & quand je fus à la Communion, prêt à donner le précieux Corps de N. S. à cette Heroine Chrêtienne, je ne pûs retenir mes larmes. Elle avoit un air de gayeté & de contentement, qui me reprochoit ma foiblesse ; mais j'étois si penetré de sa constance & de sa fermeté, qu'il fallut céder aux mouvemens divers que je ressentois, d'étonnement, de joie, de tendresse & d'admiration. *C'est donc ainsi, disois-je en moi-même, ô mon Dieu! que vous tirez votre gloire des plus grands effets de votre colere: c'est ainsi que vous faites cooperer au salut de vos élus les plus rudes coups dont vous les frappez: c'est ainsi qu'en retirant une ame qui étoit née pour le Ciel, vous éprouvez la fidelité d'une autre, & vous agissez en elle pour la rendre digne de vous.*

Je n'eus pas plûtôt achevé la Messe, que je la fis prier de m'attendre: & lorsque je lui pûs parler, je commençai à lui reprocher son silence: *Quoy donc, Mademoiselle*, lui dis-je en l'abordant, *vous avez bien peu de confiance en moi: votre chere sœur meurt, vous le savez, vous l'assistez, vous l'ensevelissez, & vous ne m'en dites pas un mot. Me croyez-vous assez indifferent, pour n'y point prendre part; ou aſſez peu courageux, pour ne pas pouvoir ſoûtenir cette nouvelle? Nous ſommes tous entrez dans l'Infirmerie preſque avec certitude d'y mourir, quel myſtere devons-nous faire de la mort d'un, ou d'une de nous? Ce n'eſt point, mon Reverend Pere,* me répondit elle, *par myſtere que je vous ay caché cette nouvelle, je connois votre tendreſſe, & j'ai apprehendé de vous faire trop de peine; je voulois differer juſqu'aprés votre Meſſe, & je vous l'aurois dit aprés, ſi l'on ne m'avoit prévenu.* Je lui répliquai que je lui en faiſois mon compliment, & que je partageois la peine qu'elle en pouvoit reſſentir: ſur quoi elle ſe récria: *La peine, mon cher Pere! Dieu me fait la grace de n'en avoir aucune. On ne doit que me congratuler, & me feliciter; c'eſt une Avocate qui prie D[illegible] dans le Ciel & pour vous & pour moi: cette eſperance*

rance fait ma joie, elle est dans sa patrie, elle étoit venu chercher J. C. on ne peut plus le lui ravir : mais nous sommes encore dans la voye, & l'ennemi de notre salut peut encore nous faire perdre le fruit de nos travaux, il n'y a que cette reflexion qui puisse faire ma peine ; j'espere, au reste, dans mon Dieu, & je mets toute ma confiance en luy. J'admirois ces dispositions, je l'en felicitai, & lui dis que j'allois donner ordre qu'on fist une fosse particuliére pour sa sœur, que j'irois me revêtir pour lui rendre les derniers devoirs avec les cérémonies ordinaires, & que j'allois pourvoir à ce qui étoit necessaire pour l'enterrer le plus honorablement que je pourrois. Mais sa devotion n'étoit pas encore satisfaite : *Non, non, s'il vous plaît, mon Reverend Pere,* me dit elle, *je vous prie de ne point séparer ma sœur des pauvres, & de me permettre de la laisser enterrer avec les autres sans aucune distinction ; je l'accompagnerai, & j'aurai la dernière consolation de lui pouvoir de mes mains jetter quelques poignées de terre.*

J'avois peine à lui accorder cette permission, mais je ne pus resister à ses instances ; je donnai seulement ordre qu'on remplît de cadavres le tombereau, & qu'on mît celui de la Demoiselle sur tous les autres. Sa sœur l'accompagna jusqu'au Cimetiere, tenant d'une main le tombereau, & soûtenant de l'autre la tête du cadavre qui pendoit un péu hors du tombereau. C'étoit un spectacle bien agreable aux Anges du Ciel, qu'une jeune fille dans un âge si tendre, qui montroit tant de foy & de religion ; mais bien touchant pour les hommes, qui en étoient les témoins. Quand on fut arrivé, elle la fit mettre, comme elle l'avoit projeté, la premiere dans le fossé, lui jetta quelques poignées de terre, fit le signe de la Croix sur elle, l'offrit à Dieu, & offrit ses prieres pour elle, & les finit par ces tendres, mais courageuses paroles : *Adieu, ma chere sœur, priez pour moy.* On voit des actions bien brillantes, & qui frappent davantage ; mais en est-il où le détachement de soi-même, l'amour de Dieu, l'esprit de la foy paroissent plus manifestement ?

Quelques jours aprés s'offrit encore à moi un de ces miracles de la grace dans un sexe fragile. Je venois d'enterrer un de nos Chirurgiens, & Mademoiselle Civetti, jeune veuve, âgée d'environ 24. à 25. ans, se trouvoit avec moi à l'enterrement ; je lui dis de s'approcher avec ses Compagnes du grand fossé, où je faisois ranger les cadavres : dés qu'on en eut rangé environ 50. ou 60. se tournant vers moy : *Quel sujet de méditation, mon Reverend Pere*, me dit-elle, en me montrant ces corps sans vie ! *c'est aujourd'huy leur tour, peut-être demain ce sera le notre. On ne peut en effet*, lui dis-je, *une plus ample matiere de reflexion, nous sommes en danger de mourir tous les jours, comme les autres, & nous devons incessamment nous y préparer, notre heure est peut-être proche.* Cependant on continuoit d'arranger les cadavres ; & tous étant en ordre, nous remarquames qu'il restoit une place : nous y reflêchimes l'un & l'autre, & en soûpirant elle ajoûta à notre entretien: *Helas! si Dieu le vouloit, je serois ravie de remplir cette place.* J'ordonne sur le champ aux Corbeaux de la laisser vuide ou pour elle ou pour moy, & quatre ou cinq jours aprés elle tombe malade. Je jugeai d'abord que Dieu exauçoit sa priere, & vouloit la retirer à lui, & ma conjecture fut vraie. Sa maladie ne fut pas longue: mais avant que de parler de sa mort, pour suivre l'ordre du tems, je crois devoir dire que le 14. Janvier je fus établi Chef de notre Infirmerie par Mgr. l'Archevêque, & Mr. le Commandant de la Ville. Il y avoit déja du tems qu'on me pressoit d'en prendre la direction, & j'avois toûjours resisté, tant à cause que j'avois sujet de craindre de ne pas remplir cette place aussi dignement qu'elle devoit l'être, que par l'apprehension oú j'étois de faire peine à quelqu'un, & de prendre un emploi qu'un autre se croiroit dû. Mais les pressantes lettres de Monsieur de Vauvenargues, qui m'en prioit dans des termes que je n'oserois rapporter ici; la grande confiance que me marquerent tous ceux qui travailloient à nos Infirmeries, les instances de ceux même qui y avoient le plus d'autorité, me déterminerent à ne pas m'opposer plus long tems à cette destination, que la Providence sembloit faire de moi.

Je ne fus pas plûtôt déterminé, que je crus devoir donner mes premiers soins à mettre tout dans le meilleur ordre que je pourrois, afin que tout se fist sans confusion, que chacun travaillât sans s'incommoder, & que tout abondât sans superfluité. Je commençai à regler les Salles, qui étoient au nombre d'onze grandes, sans compter les petites ; je mis à chacune, selon le nombre des lits, dix Infirmiers, ou Infirmieres, avec un Surveillant sur chaque Salle : ensorte que chacun avoit à sa garde dix malades : & ne se mêlant que de ceux-là, y donnoit plus son attention ; je mis aussi un Surveillant aux Cuisines, pour m'avertir de tout ce qui s'y passeroit ; je reglai le reste de l'Infirmerie : & pour entretenir la propreté, j'établis des gens pour balayer exactement, & trés-souvent, tous les endroits de l'Hôpital. Dans trois grands brasiers de feu, qui étoient dans chaque Salle, je faisois jetter de tems en tems du genievre, du pain, & d'autres fumigations. Dés qu'on avoit fait quelque operation, de peur que le sang qui en sortoit ne causât de la saleté, ou de la puanteur, je faisois laver les endroits où il en étoit tombé avec du vinaigre, & j'eus la consolation de voir que ces Salles, qui auparavant ne respiroient qu'un air de mort, & qu'un dangereux venin, se trouverent en peu de tems si purifiées, qu'on n'avoit nulle répugnance à y entrer, à y demeurer, à s'y promener ; les Malades en étoient mieux, les Medecins & Chirurgiens trouvant moins à vaincre la nature, s'y rendoient plus volontiers, y voyoient les malades avec plus d'attention, & moins de repugnance, & les frais n'en étoient pas plus grands.

Ils diminuerent même considérablement: car d'abord que j'eus ainsi disposé mes Infirmiers & Infirmieres, Surveillans & autres, chacun à leur poste, je m'apperçûs qu'il y avoit plus de trente personnes qui restoient inutiles. Je m'étois assuré des mœurs & de la conduite de ceux que j'avois employé, & j'avois mis au rebut tous ceux dont la vertu étoit équivoque, ou même qui causoient quelque scandale. Quoiqu'on ait peine à se le figurer, dans un endroit où on avoit toûjours la mort presente devant les yeux, il ne laissoit pas que de se trouver du desordre. Je m'appliquay à en oter toutes les occasions:

& aprés avoir mis dehors ce qu'il y avoit de plus mauvais, & les bouches inutiles, je donnai avis à Mr. de Canceris, que quand ils auroient fait leur Quarantaine, il étoit à propos de veiller ſur certains que je luy nommois : je le priai auſſi d'avoir la charité d'en envoyer quelqu'unes au Refuge. Depuis ce tems & cette eſpéce de purgation, il ne s'eſt, graces au Seigneur, rien paſſé de mal dans nos Infirmeries.

Mais ce ne fut pas ſimplement par le retranchement des bouches inutiles, que je diminuai les frais conſiderables que la Ville faiſoit pour nos Infirmeries; je mis auſſi ordre à la diſſipation extraordinaire qui ſe faiſoit des viandes, linges & autres choſes. On ne peut trop dire de l'attention qu'avoit Mr. de Canceris, Avocat en Parlement, & Directeur General des Infirmeries, pour entretenir l'abondance, &

empêcher qu'on ne manquât de rien ; & on lui doit cet éloge, qu'il a toûjours prévenu les besoins où l'on pouvoit être : mais cette abondance causoit de la negligence ; & comme on avoit tout à volonté, on ne s'embarrassoit nullement d'épargner. Je m'attachai donc à retrancher le superflu, je fis mettre à la lexive, qui se faisoit tous les jours par trente-six Lexiveuses, dont Mademoiselle de Levesy avoit la direction, les linges dont on se servoit dans les pansemens, & qu'on laissoit auparavant comme meubles, ausquels on n'osoit toucher ; je me faisois apporter tous les habits, tant bons que mauvais, des morts : & aprés les avoir examinez, je conservois les bons pour les Pauvres que j'envoyois en Quarantaine, ne brûlant que ceux qui étoient hors d'état de servir : & par-là je trouvois moyen d'exercer la charité, sans qu'il en coûtât rien à la Ville. Enfin, aprés un peu d'attention l'on vit un bon ordre dans notre Infirmerie, nos peines en devinrent plus supportables, & chacun se trouva plus content.

Dans la maison des Recollets où nous demeurions, l'ordre ne fut pas difficile à établir : tous ceux qui y habitoient, Ecclesiastiques, Medecins, Chirurgiens & autres, étoient de si bonne volonté, qu'il suffisoit de leur faire entrevoir le bien, pour qu'ils s'y portassent reguliérement. Nous faisions la Prierè soir & matin, les Samedis nous chantions le soir les Litanies de la sainte Vierge, & tous se trouvoient à ces exercices de pieté avec une exactitude merveilleuse.

J'établis au Refectoire, où nous mangions tous ensemble, une lecture, que nous commençames mon Confrere & moy, & que tous continuerent avec édification, plusieurs même la faisant à genoux. Tout se passoit dans une regle admirable, & un Monastere n'étoit pas plus réglé, que l'étoit notre Retraite.

Mais je reviens à notre Demoiselle Civeti, dont j'ay parlé cy-dessus. Dés que je fus averti de sa maladie, je fus lui rendre visite dans la chambre qu'on lui avoit préparée; elle me demanda d'abord à se confesser, & me pria de luy vouloir bien accorder les Sacremens, qui font toute la consolation & la confiance des Chrêtiens dans leur dernier passage de cette vie à une meilleure. Je luy accordai sa demande: mais quand, avant que de luy administrer le S. Viatique, je luy voulus dire quelques mots de consolation, m'étant échapé à luy dire que le Seigneur venoit la visiter dans son affliction, elle m'interrompit, & me dit qu'elle étoit bien éloignée de ressentir quelque affliction, qu'elle mouroit trop contente, dans la persuasion où elle étoit qu'elle avoit affaire à un Dieu plein de misericorde. Elle mourut ensuite dans ces sentimens, paroissant ne soûpirer qu'aprés Dieu, ne souhaiter que lui, & ne vouloir vivre que de lui. Il y avoit environ trois semaines ou un mois, qu'elle étoit venuë de Cysteron, d'où elle étoit, & s'étoit consacrée au service des Malades. Elle avoit dans cet espace de téms, quelque court qu'il paroisse, rempli la course d'une longue vie, son ame étoit agréable à Dieu, & il se hâta de la retirer, pour ne la plus engager dans ce monde d'iniquité, d'où il l'avoit arrachée par sa grace.

Deux ou trois jours auparavant, à sçavoir le 12. Janvier, notre Confrere D. Jean Raymond de la Gorgée, se trouva attaqué de la contagion sur les six heures du soir.

Le 13. je fus le visiter, & sçavoir dés le matin comment il avoit passé la nuit ; il avoit senti quelque soûlagement, & me dit qu'il se portoit mieux : mais comme je n'augurois pas bien de sa maladie, je lui dis que nous devions faire les premiers dans nos infirmitez, ce que nous conseillions aux autres ; que nous ne devions pas attendre à l'extremité pour chercher les secours divins qu'on reçoit par les Sacremens ; qu'il devoit se mettre en état de paroître devant Dieu, si c'étoit sa volonté ; qu'il falloit qu'il se disposât à se confesser, & à meriter les dernieres visites du Seigneur dans ce monde, qui sont comme les gages du bonheur qu'il nous reserve dans l'autre. Il me répondit qu'il se réjoüissoit de la nouvelle que je lui portois, qu'il étoit prêt à passer dans la maison du Seigneur, que ses affections y tendoient, que la terre ne retiendroit point ses pieds à l'entrée de Jerusalem, qu'il me prioit seulement de lui donner un quart d'heure pour penser encore au compte qu'il avoit à rendre au souverain Juge, & qu'il m'attendroit ensuite avec impatience, pour recevoir de ma main les saints Sacremens, si je voulois bien les lui administrer.

Sa demande étoit trop juste, pour que je m'y opposasse en aucune maniere, je le laissai à lui-même; & je fus faire un tour à la Chapelle de l'Hôpital, où on avoit déja amené des Malades de la Ville, qui m'attendoient pour se confesser. Dés que j'eus satisfait à mon devoir de ce côté-là, je retournai voir mon cher Compagnon; je le confessai: & comme le Pere Lempereur, Jesuite, alloit dire la Messe dans l'Eglise des Recollets, où il n'y avoit point de reserve pour les Malades, je le priai de consacrer une Hostie pour communier notre Pere. Je m'attendois de le faire moy-même, & il m'avoit, comme j'ay dit, paru le souhaiter ; mais comme je ne disois la Messe que sur les onze heures à la Chapelle de l'Hôpital, je ne pûs contenter en cela mon inclination : d'ailleurs, le Pere Lempereur, qui se trouvoit tout habillé à la fin de sa Messe, me pria de lui laisser ce soin, & je crus ne devoir faire aucune difficulté de le lui permettre : je l'assistai à cette ceremonie, & j'eus la joye de voir dans notre Confrere tous les sentimens d'une pieté solide & éclairée. Comme le Pere Lempereur faisoit les prieres accoûtumées, le Malade répondoit avec toute la presence d'esprit : & pour faire une espéce de profession de foy abregée, il dit : *Je déclare que je meurs dans l'unité de la sainte Eglise.* Je m'approchai, & lui dis qu'on ne l'avoit jamais révoqué en doute, qu'il avoit vécu trop chrêtiennement, pour qu'on pût soupçonner autre chose, & il n'ajoûta rien à ces paroles. Je le laissai donc reflêchir sur la grace qu'il venoit de recevoir; j'allai à mes occupations, & aprés que j'eus dit la sainte Messe, je lui administrai le Sacrement de l'Extrême-Onction. Pendant la journée je le visitai plusieurs fois: & quoyqu'il me parût mieux, je l'exhortai à ne pas y faire fond, & à toûjours penser à Dieu; mais il n'avoit pas besoin de ces exhortations, il paroissoit l'avoir toûjours present devant lui, & y demeurer intimement uni. Le soir avant que de me retirer, je le trouvai plus assoupi qu'à l'ordinaire, & je recommandai aux Infirmiers que je lui avois donné, de m'avertir, en cas qu'il lui arrivât quelque accident pendant la nuit.

Il ne lui arriva rien juſque ſur les cinq heures du matin. J'entendis du bruit dans ſa chambre, je m'y tranſportai auſſi-tôt: aucun ſymptome de mort ne paroiſſoit, & les Infirmiers lui preſentoient la main pour l'aider à ſe lever : ſoit que ce fût l'inquietude ordinaire aux moribonds, ſoit que ce fût un beſoin réel, il avoit marqué le ſouhaiter ; mais la mort le ſaiſit alors ſi promptement, que dés qu'il fut ſur ſes pieds, il rendit l'eſprit, & tomba en même tems ſur ſon lit, ſans que je puſſe lui dire une ſeule parole. Sa mort me toucha vivement, il étoit aprés Dieu mon unique conſolation, les ſecours que je recevois de lui étoient infinis ; mais il me fallut étouffer ces ſentimens d'une attache peut-être tendre, je me diſpoſai à l'enterrer ; je le revêtis de ſes habits ſuivant nos uſages, je chantai la Grande Meſſe ſur ſon corps, & je le conduisis au lieu de sa sepulture, où je l'inhumai avec les ceremonies ordinaires.

Cependant la peste continuoit toûjours à faire de grands ravages, la mortalité ne diminuoit point, & tous les jours on amenoit des centaines de Malades aux Infirmeries: déja plusieurs Confesseurs avoient été enlevez, sept ou huit Peres Recollets, plusieurs Jesuites, & autres avoient eu le même sort, & nous ne restions que le Pere Lempereur & moy pour un aussi grand travail, qu'étoit celui de l'administration des Sacremens, & de la visite des Malades, duquel je n'étois diverti que pour vacquer aux soins du temporel, & aux fonctions de mon employ. Enfin, on nous envoya deux Peres Jesuites, nommez le Pere Merindole, & le Pere Jeannon. Le Pere Lempereur, dont j'ay parlé cy-dessus, étoit venu de

Paris exprés à Aix par un zele de charité : & son ardeur pour rendre tous les services dont il étoit capable, mérite un éloge singulier. Quoyque le peu d'usage qu'il avoit du langage du Païs ne lui laissât pas toute la liberté d'exercer son zele, il se donnoit à ceux qu'il pouvoit entendre, & aux autres fonctions de son ministere, avec un courage qu'on ne peut assez louer.

Ce ne fut pas une petite joie pour lui de voir arriver ses deux Confreres, qui venoient le consoler de la perte qu'il avoit faite de plusieurs autres ; mais il ne joüit pas longtems de cette consolation. Le Pere Jeannon aprés avoir passé un mois dans notre Infirmerie, s'étant retiré à Arles, où il mourut ; & le P. Merindole ayant succombé, & pris le mal dont il mourut environ un mois aprés son arrivée. Sa mort qui ne fut marquée par aucune chose extraordinaire, mais qui fut aussi chrêtienne qu'on pouvoit l'attendre d'un Prêtre, qui s'y étoit exposé par le motif d'une charité pure, fut suivie d'un fait qui me surprit, & me fit bien voir ce que peut le courage & l'intrepidité sur des gens qui ne cherchent que le bien du public, & qui se sacrifient volontiers pour le procurer.

A peine fut-il mort, qu'on vint m'en avertir. Messieurs Chicoyneau, Verny & Soulier étoient dans notre chambre; & je fus surpris qu'ils delibererent d'aller ouvrir sur le champ son cadavre. L'attaque qu'il avoit euë avoit été si violente, qu'il exhaloit de son corps, même avant sa mort, une odeur insuportable. Je fis mon possible pour arrêter ces Messieurs dans leur dessein, je les priai d'attendre, du moins, qu'il fût froid, que je le ferois descendre à l'endroit ordinaire où se faisoient ces operations ; mais je parlois à des gens que le zele rendoit sourds, & je ne pus les retenir. Ils vont sur le champ dans la chambre, examinent le cadavre encore tout chaud & tout fumant, l'ouvrent sans précaution, sans répugnance, restent deux heures à en examiner les differentes parties. Monsieur Soulier, en qualité de Chirurgien, faisoit cette operation avec un sang froid qui paroît au dessus de l'homme, & ils n'en sortirent qu'aprés avoir long-tēs raisonné sur les observations qu'ils avoient faites, & en avoir tiré des conjectures salutaires pour les autres cures.

Quelle force ! quel courage ! Ces Messieurs étoient venus de Montpellier par ordre de S. A. R. Mgr. le Duc d'Orleans, qui toûjours attentif aux besoins de cette pauvre Province affligée, continuoit à ſon égard la charitable vigilance qu'il avoit euë, lorſque la peſte étoit à Marſeille ; & qui l'avoit même redoublée, puiſque tous les mois il y envoyoit cent mille écus, ou en eſpéces, ou en bled, ou en viande. Ces Meſſieurs, dis-je, étoient venus de Montpellier : & ce qui a été dit d'eux à l'égard de la Ville de Marſeille, qu'ils en avoient été comme les Anges tutelaires, envoyez de Dieu pour rendre la ſanté à cette Ville, ſe peut dire encore à plus juſte titre de la ville d'Aix, qu'ils n'ont point abandonnée. Je les ai vû demeurer auprés du lit des malades, y paſſer des tems conſiderables, s'aſſeoir même deſſus ſans la moindre marque de crainte, les conſoler, & faire le devoir de Medecins des ames, comme ils l'étoient des corps ; ſe promener tranquilement dans les Salles, en faire le lieu de leurs conſolations, raſſurer les plus timides par la tranquilité qui paroissoit dans tout leur exterieur, & porter par cette assurance la consolation dans le cœur de tous les malades, ausquels ils tâchoient d'ôter cette idée terrible de contagion.

Vers le 11. ou le 12. de Fevrier allant, comme j'avois coûtume de tems en tems, visiter les fossés où on mettoit les cadavres, je fus frappé d'un spectacle qui me saisit, & me perça jusqu'au cœur. Les trois fossés qui avoient été remplis avant que j'arrivasse, avoient été si mal couverts, que les animaux avoient déterré quelques corps: & je voyois ces tristes débris de la foiblesse humaine entre les dents des bêtes carnassieres, & des chiens qui en faisoient leurs curées. Je ne pus soûtenir cette vûë sans horreur, & je pensois aux moyens de les mettre à couvert: mais la difficulté de remuer des corps morts de la contagion,

gion, enterrez depuis plus de deux mois, me paroissoit insurmontable. Je me hazardai néanmoins à y mener mes Corbeaux. Je leur donne un peu d'eau de vie dans de l'eau, selon ma coûtume: car j'avois remarqué que toute pure elle étoit plus capable de les faire périr, que de les soutenir: je leur donne du tabac à fumer, & je les conduis sur le lieu; je tâche de les émouvoir eux-mêmes de compassion, je les mets en œuvre; je fais découvrir ces pauvres cadavres, je fais mettre déssus un pied de chaux vive, & par dessus quatre ou cinq pieds de terre. J'apprehendois d'y voir succomber mes gens; mais j'eus la consolation de voir qu'aucun ne prit le mal à cette operation. Dieu paroissoit soûtenir sensiblement ceux qui s'exposoient sans crainte, & qui s'abandonnoient à lui, pour satisfaire aux devoirs de la charité.

Monſeigneur l'Archevêque venoit trés-frequemment nous viſiter dans l'enceinte de la barriere, pour nous ſoûtenir dans nos peines, & s'informer de l'état de l'Infirmerie. On avoit beau l'exhorter à uſer de précautions, il y demeuroit ſouvent un tems conſiderable, les glaces de ſon Caroſſe abattuës; il me faiſoit la grace de me faire appeller toutes les fois qu'il venoit, pour que j'euſſe l'honneur de l'inſtruire de tout: & toûjours il me marquoit une bonté, dont je ne pourrai jamais être aſſez reconnoiſſant. Aprés la mort de notre Confrere, & du Pere Merindole, je lui marquai que nous retombions dans la même diſette de Confeſſeurs, où nous avions été peu de tems auparavant: & il me donna la conſolation de me promettre un de nos Confreres, nommé Dom Antoine Bonne-Caſe.

Depuis prés d'un mois ce Religieux étoit venu de S. Sever - Cap de Gaſcogne où il demeuroit, à Aix, avec la permiſſion du T. R. P. General, & D. Garonne, dont j'ai parlé cy-deſſus, qui avoit enfin par ſes inſtances obtenu la même permiſſion, lui avoit ſervi de Compagnon, & avoit quitté ſa Claſſe de Theologie pour ſe devoüer au ſervice des malades: tous deux avoient été deſcendre à l'Archevêché, & Mgr. l'Archevêque les avoit retenu, ſans leur vouloir permettre d'aller aux Infirmeries, qu'au preſſant beſoin. Enfin, ils y furent envoyez, & entrerent tous deux en exercice le 1.de Mars; Don Bonne-Caſe dans l'Infirmerie dont on m'avoit fait l'honneur de me donner la direction, & D. Garonne dans celle de l'Arc.

Je ne pourrois exprimer la joie que j'eus de voir ce cher Confrere, que le Ciel me donnoit pour partager mes travaux. S'il est jamais permis de desirer quelques consolations humaines, c'est sans doute quand elles ne sont capables que de nous porter davantage à Dieu, & c'est ce que je trouvois dans lui. J'éprouvois ce que dit l'Ecriture, que le frere qui est aidé par son frere, est comme vne ville forte, qui se soûtient davantage, & que tous deux sont consolez.

Mais quelques jours aprés qu'il fut arrivé, j'eus un nouveau sujet de peine. La Demoiselle de Ribe, qui avoit survecu jusqu'alors à sa sœur, & qui travailloit toûjours avec un courage & une ardeur inexprimable à la distribution de toutes les choses necessaires aux Infirmiers & Infirmieres, dont je l'avois chargé, & qui paroissoit infatigable dans ce travail, fut attaquée de la contagion. Les soins & l'attention de Messieurs Chicoyneau, Verny & Soulliers la guerirent en moins de quinze jours, pendant lesquels on peut se figurer qu'elle eut beaucoup à souffrir : mais on ne concevroit pas si aisement & la patience avec laquelle elle souffroit, & le desir qu'elle avoit de consommer son sacrifice. Comme je savois ses dispositions, & que j'étois bien aise de m'en servir pour l'exemple & l'édification de ceux qui l'alloient visiter, ou qui la servoient, je prenois assez souvent plaisir, lorsque je l'allois voir, de dire aux approches de sa chambre, d'un ton de voix suffisant pour qu'elle l'entendît : *Hé donc, Mademoiselle de Ribe n'est pas encore morte!* Et elle me répondoit avec un ton qui faisoit sentir sa peine : *Helas, M. R. Pere, j'apprehende fort que Dieu ne me juge pas encore digne de lui, & que j'en rechappe.* Elle en rechappa en effet, comme j'ai dit; Dieu la reservoit pour éprouver encore sa foy dans une tentation des plus fortes, & des plus difficiles à vaincre.

Aprés sa guérison, Mr. son pere Me. sa mere, & toute sa parenté firent tous les efforts possibles pour la retirer de nos Infirmeries, & lui persuader de faire sa Quarantaine. Sa mere lui representoit qu'elle lui devoit cette consolation, aprés la perte de ses deux sœurs: car il lui en étoit encore morte une seconde depuis peu chez sa mere; elle la pressoit de ne point la laisser dans la peine, lui remontroit qu'elle devoit être contente; & que Dieu en la conservant, sembloit lui avoir marqué qu'il étoit aussi content de son sacrifice. Je me joignis à sa famille pour la gagner, & elle commençoit à ceder à nos instances; mais aprés qu'elle eut consulté par lettres son ancien Directeur, elle devint plus ferme qu'un rocher dans sa resolution, & on n'en pût rien tirer, sinon qu'elle vouloit poursuivre, & demeurer dans sa vocation sans la quitter; que peut-être bien-tôt elle obtiendroit sa délivrance de ce monde, & que Dieu lui feroit la grace de l'attirer à lui.

C'étoit sans doute un mouvement interieur qui la faisoit ainsi parler, car elle ne survecut que 15. ou 16. jours à sa guérison. Elle retomba un jour de Dimanche; & je m'apperçus en lui donnant la Ste. Communion, qu'elle étoit incommodée. Aprés mon Action de graces, je fus lui demander si elle ne se sentoit point malade; & elle m'avoüa qu'elle avoit un mal de tête des plus violens, je la fis conduire à sa chambre, où je lui donnai deux Infirmieres pour la soigner. Je fis avertir Messieurs Chicoyneau,

Verny & Soulliers, qui en desespererent d'abord: & le Mardy suivant cette sainte Fille, sur les cinq heures du matin, rendit son ame à son Dieu, avec des transports de joie ineffables. Ainsi mourut cette jeune Vierge, qui nous donna tant d'exemples de vertu & de force. Ainsi elle termina glorieusement sa course, pour aller joüir d'un meilleur sort, & des faveurs de celui qu'elle avoit choisi pour son Epoux, & qu'elle avoit si fidellement servi.

Messieurs les Medecins & Chirurgiens trouverent à propos de lui ouvrir le crasne, & ils le trouverent tout cangrené. Pour moi, je crus devoir me disposer à lui rendre du mieux qu'il me seroit possible, les derniers devoirs: & aprés l'avoir fait ensevelir je la fis porter dans la bierre commune aux pieds de l'Autel, auquel je dis la Messe, qui fut chantée pour le repos de son

ame,

ame, & aprés laquelle je l'inhumai avec les ceremonies ordinaires.

Je ne joüis pas beaucoup de tems de la joie que j'avois ressentie à l'arrivée de D. Arnaud de Bonne-Case. Quelques jours aprés la mort de Mademoiselle de Ribe, il tomba malade, & se trouva attaqué d'un petit charbon. Par force & par courage il vainquit le mal pendant quelques jours ; mais enfin il fallut ceder à sa violence, & il se mit au lit. La maladie se déclare de plus en plus: en vain les Medecins emploient-ils tout leur art à le soulager, il empire de moment à autre: & enfin, il se fait une telle dissolution de son sang, qu'il le perd entierement par ce charbon, & expire dans cette hemorragie. J'étois inconsolable, & je ne me suis jamais senti si touché: mais combien m'attendrit-il, lorsque je lui donnai les saints Sacremens ! Il les reçut avec une presence d'esprit, & une tranquilité extraordinaire ; il répondit aux prieres de la Recommandation de l'ame avec une constance qui marquoit non seulement une parfaite resignation à la volonté de Dieu, mais encore une grande joie d'aller à lui : & environ un quart d'heure avant qu'il expirât, il me dit qu'il avoit deux choses à me demander. Je lui promis que je ferois tout ce qui seroit en moi, pour accomplir ses dernieres volontez, & que je conserverois un éternel souvenir de lui ; que j'étois, on ne peut pas plus, affligé de ne pouvoir le rendre à la vie. *Helas*, me dit-il, *ne vous affligez point, c'est la premiere grace que je vous demande, je meurs trés-content ; ne pleurez point comme ceux qui n'ont point d'esperance, je vais avec confiance a celui qui m'a envoyé. Mais j'ai ma mere, qui encore dans l'er-*

reur & dans l'heresie ; peut exciter davantage votre compassion. Je suis venu ici particulierement pour obtenir de Dieu sa conversion, & je vous prie de la recommander à Dieu dans vos prieres ; c'est la marque que j'attends de votre amitié. Que Dieu fasse luire pour elle la lumiere de sa verité, pour la remettre dans la voye de la justice ; qu'il ôte le voile qui lui couvre les yeux de l'esprit, & qu'elle voye. J'avois la larme à l'œil pendant ces paroles, & je lui promis de rechef que je ne l'oublierois jamais, & un moment aprés il expira.

Il n'avoit qu'environ trente-trois ans, étoit fils d'un Conseiller au Parlement de Pau : & Dieu fit voir bien-tôt aprés sa mort, qu'il avoit eu pour agreable son sacrifice, & qu'il avoit exaucé sa priere, puisque Madame sa mere se convertit : & j'appris deux jours aprés, qu'elle étoit une des meilleures Catholiques du païs. La grande foy de son fils l'avoit frappée : Dieu qui sembloit avoir attendu ce moment pour l'attirer, avoit agi interieurement dans son cœur. Elle s'étoit fait instruire, elle avoit ouvert les yeux, auparavant rebelles à la verité : & la reconnoissance d'un si grand bienfait, avoit produit une pieté si tendre en elle, qu'elle faisoit ses devotions tous les Dimanches, ne cessant de pleurer le tems de son égarement, & tâchant de le réparer par toute la ferveur possible.

D. Antoine Garonne étoit aussi mort dans l'Infirmerie de l'Arc, où j'avois été le confesser. Il n'avoit été qu'environ 15. jours dans cette Infirmerie, & y étoit tombé malade le 12. Mars. Mais comme j'étois continuellement occupé, je ne pus me trouver à sa mort, qui fut le 14. Mars.

Je ne remarquai rien de considerable depuis ce tems, jusqu'au 10. ou 11. d'Avril. Il arriva seulement une chose que nous regardâmes comme merveilleuse, & qui ne me surprit pas seul. C'est que le 21. de Mars, fête de N. B. P. S. Benoist, il n'y eut dans aucune des Infirmeries de morts, & qu'on n'y apporta aucun nouveau malade. Je ne prétens pas donner ce fait comme un miracle, & je sai qu'il peut être fort naturel; mais nous ne laissâmes pas tous de le remarquer: & c'étoit en effet une chose si extraordinaire, que nous n'avons eu que ce seul jour de relâche jusques vers le mois de Juin.

Tous les jours nous avions de nouveaux sujets d'édification; mais il ne falloit que jetter les yeux sur ce qui se passoit journellement, pour être touché, & animé d'une sainte ardeur. Qui eût pû voir, par exemple, ſans admiration une fille incommodée, & qui ne pouvoit hors de là ſe traîner qu'avec peine, montrer l'exemple à celles qui faiſoient la lexive, mettre la main à l'œuvre elle-même, courir par tout où elle pouvoit pratiquer la charité. C'eſt ce que faiſoit avec une joie qui rejaliſſoit ſur ſon exterieur Mademoiſelle de Leveſy, dont j'ai déja parlé, ſœur du Lieutenant du grand Prevoſt d'Aix.

Qui eût pû retenir ſon étonnement, & n'être pas édifié en regardant & reflêchiſſant ſur le zele d'une nommée Marguerite Olivier? A l'âge de 19. ans elle ſe dévouë la premiere au ſervice des malades, & elle ne le fait pas en mercenaire; c'eſt malgré ſa pauvreté, ſans eſperance de retribution, digne d'être recompenſée plus qu'elle ne l'a été: & que la munificence Royale lui donne de quoi, ou ſe retirer dans un Cloître, ou s'établir un peu honnêtement dans le monde. C'est peu qu'elle se sacrifie, elle fait au-delà de ce que son état & sa foiblesse lui permettent. Dans les commencemens, où les Corbeaux ne sont pas encore reglez, elle en sert elle-même; les cadavres qu'elle ne peut porter, elle les traîne par les pieds hors des Sales, pour empêcher qu'ils ne les infectent davantage. Elle ne quitte jamais, ses differentes incommoditez ne rallentissent point son zele: que dis-je? comme si elle étoit invulnerable, elle agit toûjours, elle rend aux malades les services les plus bas, & trouve son plaisir dans les actions les plus humiliantes.

Une nommée Sœur Therese ne nous édifia pas moins, & ne mériteroit pas moins de recompense. Elle prit aprés la mort de Mademoiselle de Ribe l'intendance des

Sales dans le Bureau des Filles, & elle s'en acquitta avec une vigilance qui ne laissoit rien à desirer; & avec une charité & des manieres si douces, qu'elle gagnoit le cœur de tous ceux qui l'approchoient, & qui ne pouvoient s'empêcher de l'estimer. Sage & modeste autant qu'on le pouvoit être, elle imprimoit une espece de respect à tous ceux qui avoient affaire à elle. Intrepide, on l'a vûë souvent chargée des habits encore tout chauds des mortes, les aller étendre elle-même, sans redouter l'air qui en exhaloit. Elle fut attaquée de la peste, mais Dieu permit qu'elle en rechappa pour notre consolation, notre édification, & le secours de notre Infirmerie.

Mais je serois trop long, si je voulois faire le détail de toutes les merveilles dont j'ai été témoin. Les noms & les vertus de ces heros &

heroïnes Chrêtiennes ſont écrits au livre de vie : quelques-unes les ont voulu cacher aux hommes; mais Dieu les découvrira, en les glorifiant au jour de la manifeſtation univerſelle, où il rendra à tous le bien qu'ils ont fait. Puiſſent-ils recevoir une pleine recompenſe du Seigneur, le Dieu pour l'amour duquel ils ſont venus dans ce lieu d'horreur, & ſous les aiſles duquel ils ont cherché leur refuge.

Le 10. ou le 11. Avril, je vis avec étonnement un jeune homme qui m'étoit inconnu, & qui paroiſſoit tout conſterné. Comme je n'avois pas été averti de ſon arrivée, je lui demandai qui il étoit, & ce qui l'amenoit. C'étoit le fils d'un Procureur de la ville, qui touché de douleur, & de regret de n'avoir pas été auſſi fidele à Dieu qu'il auroit dû l'être, avoit demandé permiſſion à Mr. de Canceris de paſſer à notre

Infirmerie pour ſervir les malades, & ſatisfaire ainſi à la juſtice de Dieu. Comme Magdelaine, il venoit laver de ſes larmes les pieds du Sauveur. La grandeur de ſa contrition ne lui permettoit preſque pas de s'expliquer : & aux differentes queſtions que je lui fis, il ne me répondoit que par des paroles entrecoupées. Il me laiſſoit ſeulement entrevoir combien la grace agiſſoit en lui, & combien il deſiroit de donner à la charité un tems qu'il avoit donné au plaiſir. Je fus touché à ſa vûë ; mais ne voulant pas l'expoſer d'abord, je le retins dans mon Bureau, où je l'occupai à écrire. Il brûloit d'impatience : & ſe regardant comme l'Enfant prodigue, il vouloit être mis au rang des mercenaires, & demandoit avec importunité, permiſſion d'aller aux Sales. Je lui permis le lendemain, & Dieu qui voyoit le fonds de ſon cœur, & qui ſans doute étoit ſatisfait par la force de ſa componction, permit qu'il tombât malade dés le même jour. Déja il ſe portoit au ſervice des malades avec un zele, que des gens moins penitens auroient regardé comme indiſcret ; déja il devenoit un ſujet d'édification à tout l'Hôpital, quand il fut attaqué ; & il mourut le lendemain avec des ſentimens qui nous laiſſerent lieu de juger, que la doulcur dont il avoit le cœur briſé, avoit autant de part à ſa mort, que la violence de ſa maladie.

Nous perdiſmes en même tems, ou peu aprés, deux jeunes Trinitaires, qui quitterent leurs études pour venir apprendre à mourir dans cette grande école. Ils ſervirent environ huit jours avec beaucoup d'ardeur, mais ils moururent aprés ce terme ſi court.

Monſieur du Buiſſon, fils d'un

Bourgeois de la ville, neveu de l'Ecuier de Mgr. l'Archevêque, qui avoit ſervi cinq ou ſix mois pour les écritures, les ſuivit de prés, & mourut d'un petit charbon. Il n'étoit âgé que de 18. ans ; mais dans cet âge ſi tendre, il avoit la ſageſſe des vieillards. Sa candeur, l'innocence de ſes mœurs, ſes manieres douces & obligeantes, lui avoient attiré l'affection de tout le monde ; je l'aimois trés-tendrement, & je ne pus lui refuſer mes larmes.

Un de ſes amis nommé l'Abbé Renault, ne lui ſurvecut que peu de jours : & dans ſa maladie il ne ceſſoit de dire, qu'il lui tardoit de ne point aller voir ſon cher ami du Buiſſon. La mort moiſſonnoit les têtes les plus cheres ; ce ne fut que vers le mois de Juin, que le mal commença à diminuer : & le 12. de ce mois, je fis commencer la Quarantaine au dernier malade.

Il reſtoit encore un ouvrage conſiderable à faire, & qui n'étoit pas le moins difficile ; c'étoit la deſinfection de ce lieu, où il étoit mort plus de 5000. malades. Je l'entrepris, & avec le ſecours de mes Corbeaux, & des autres de l'Infirmerie, elle réüſſit ſi bien, que perſonne n'en a reſſenti aucun mauvais effet. Dabord je fis mettre dehors tous les lits, draps, linges, couvertures, & autres meubles qui étoient dans les Sales, & autres lieux : je fis vuider tout, en ſorte qu'il ne reſtoit rien dans ce vaſte bâtiment. Je fis laver ſoigneuſement d'abord, & paſſer aprés dans des lexives boüillantes tout ce qui pouvoit ſouffrir cette purgation. Je fis paſſer par le vinaigre tous les bois de lit, & autres utenciles de même matiere : & aprés les avoir tenus long-tems expoſez à l'air, je les fis ranger dans le Cloître des Recollets.

Quant à la maiſon, aprés l'avoir fait balayer exactement depuis le haut juſqu'en bas, je la fis laver au vinaigre d'un bout à l'autre, murailles, plafonds, planchers, je fis tout paſſer. Je fis enſuite venir les Parfumeurs de la ville, qui donnerent le double parfum dans toutes les chambres, ſales & autres endroits; & je fis aprés ces préparations, blanchir tout ce grand Hôpital.

Je crus auſſi pour plus grande précaution, devoir netoyer les puits? il étoit à craindre que dans les commencemens de la mortalité, on n'y eût jetté quelque cadavre: & pour m'en aſſurer, je fis mettre à ſec tous ceux non ſeulement de la maiſon, mais encore des environs: & aprés les avoir fait curer ſoigneuſement, je fis jetter encore, pour plus grande aſſurance, une charge de gravier dans chacun, & un petit boiſſeau de ſel, pour achever d'en purifier l'eau que j'y fis revenir enſuite.

Il ne s'agiſſoit plus que de faire revenir les pauvres dans cette maiſon, d'où, comme j'ai dit, on les avoit retiré pour les mettre aux Chartreux ; mais avant que d'en venir là, & que de nous retirer pour faire nôtre Quarantaine, je crus que je devois commencer par rendre graces à Dieu de la ceſſation de ce terrible fleau, dont il s'étoit ſervi pour nous châtier. Je le fis par un *Te Deum*, chanté ſolemnellement par tous ceux qui étoient reſtez avec moy ; j'avois dit auparavant une grande Meſſe en action de graces : & le ſoir, pour réjoüir la ville, & lui annoncer qu'il n'y avoit plus de contagion dans les Infirmeries, je fis un feu de joie, accompagné de la décharge de trois douzaines de boëtes, que j'avois fait venir de la ville. L'allegresse fut renduë par tout. Le peuple en foule sortoit de la ville pour venir à nos barrieres prendre part à une joie qui leur étoit commune avec nous ; & le lendemain nous commençâmes dans ce lieu même notre Quarantaine.

Des trente deux Corbeaux qui m'avoient été donnez quand je pris soin des Infirmeries, aucun n'étoit péri : & je puis dire néanmoins qu'ils servirent avec plus de zele & d'affection, qu'on n'en devoit attendre de ces sortes de gens, qui ordinairement ne vont que par force.

Avec moi firent la Quarantaine les Medecins & Chirurgiens, qui avoient servi avec un zele & une intrepidité surprenante. Tous envoyez de la Cour, ils avoient rempli noblement l'esperance qu'on en avoit ; & on ne peut à la plus-

part

part donner des louanges, qui ne soient beaucoup au dessous de ce qu'ils méritent. J'ai eu depuis peu le plaisir d'en voir un, qui est encore au service des pauvres dans l'Hôtel-Dieu de Paris, qui se nomme Monsieur Colignon, & qui fut un de ceux qui marqua plus de zele & d'affection pour le service des malades.

Les trois Demoiselles * dont j'ai parlé cy-dessus, qui avoient ou échappé à la fureur de la contagion, ou été renduës à la vie par l'attention & la vigilance de nos Messieurs, étoient aussi de notre compagnie, avec une quatriéme Demoiselle, nommée Mademoiselle Darnou, sœur d'un Procureur, qui avoit servi, comme elles, les pauvres malades avec une ferveur qui passe l'imagination. Elle étoit venuë exprés aux Infirmeries

* Levesy, Sœur Therese, & Marguerite Olivier.

pour s'y dévoüer à la charité. Elle avoit été attaquée d'un petit charbon, dont Dieu lui avoit fait la grace de la faire rechapper : & cette grace n'avoit fait qu'augmenter son zele. Pleine d'esprit, mais remplie en même tems d'humilité, elle nous édifia toûjours, autant par sa vertu, que par son courage, & sa fermeté.

Aprés notre Quarantaine, je passai dans la ville, où j'allai remercier Mgr. l'Archevêque, & Mrs. de Vauvenargue & de Canceris, des marques d'estime & de bonté qu'ils m'avoient toûjours données. Je restai quelque tems dans cette ville : & en m'en retournant, je fus encore faire mes devotions à Notre-Dame de Rochefort, d'où je me rendis à Ville-Neuve.

AInsi, MADAME, finit ce voïage, que je croïois devoir être terminé plus heureusement pour moi. Fasse le Ciel, que, si par la grace & avec le secours de Dieu, j'ai pû faire quelque chose qui lui ait été agreable, je n'aie pas le malheur d'en perdre le fruit. J'espererois beaucoup d'obtenir cette grace, si je pouvois me flatter que VOTRE ALTESSE ROYALE voudra bien m'assister de ses ferventes prieres, & se souvenir de moy devant le Seigneur. J'ay l'honneur d'être avec le plus profond respect,

MADAME,

De Votre Altesse Royale;

Le trés-humble, & trés-obéissant Serviteur,
FR. JEAN SABATHIER.

APPROBATION.

J'*Ay lû par l'ordre de Monseigneur le Garde des Sceaux* cette Lettre adressée à S. A. R. Madame d'Orleans, Abbesse de Chelles. *Les exemples touchans qu'on y met sous les yeux, de la foy la plus vive, de la charité la plus tendre & la plus intrepide, dans un ministere où la mort se presente presque à chaque pas, serviront à édifier, & à ranimer la pieté des Fidéles. A Paris, ce 30. Juillet* 1723.

TOURNELY.

PRIVILEGE DU ROY.

LOUIS par la grace de Dieu, Roy de France & de Navarre : A nos amez & feaux Conseillers, les Gens tenans nos Cours de Parlement, Maîtres des Requêtes ordinaires de nôtre Hôtel, Grand Conseil, Prévôt de Paris, Baillifs, Sénéchaux, leurs Lieutenans Civils, & autres nos Justiciers qu'il appartiendra; Salut. Nôtre bien amé le Sieur SAMSON, Libraire à Paris, Nous ayant fait supplier de lui accorder nos Lettres de permission pour l'impression d'un Livre qui a pour Titre : *Lettre d'un Religieux Benedictin à Madame l'Abbesse de Chelles, sur ce qui s'est passé de plus édifiant à Aix pendant la Contagion*, Nous lui avons permis & permettons par ces Presentes, de faire imprimer ledit Livre en telle forme, marge, caractere, conjointement ou separement, & autant de fois que bon lui semblera; & de le faire débiter par tout nôtre Royaume pendant le tems de trois années consecutives, à compter du jour de la datte desdites Presentes. Faisons deffenses à tous Libraires, Imprimeurs & autres personnes de quelque qualité & condition qu'elles soient, d'en introduire d'impression étrangere dans aucun lieu de nôtre obéïssance : à la charge que ces Presentes seront enregistrées tout au long sur le Registre de la Communauté des Libraires & Imprimeurs de Paris, & ce dans trois mois de la datte d'icelles ; que l'impression de ce Livre sera faite dans nôtre Royaume, & non ailleurs, en bon papier, & en beaux caracteres, conformément aux Reglemens de la Librairie ; & qu'avant que de l'exposer en vente, le Manuscrit ou Imprimé qui aura servi de copie à l'impression dudit Livre, sera remis dans le même état où l'Approbation y aura été donnée, és mains de nôtre très-cher & feal Chevalier Garde des Sceaux de France, le Sieur Fleuriau d'Armenonville ;

APPROBATION.

J'Ay lû par l'ordre de Monseigneur le Garde des Sceaux cette Lettre adressée à S. A. R. Madame d'Orleans, Abbesse de Chelles. *Les exemples touchans qu'on y met sous les yeux, de la foy la plus vive, de la charité la plus tendre & la plus intrepide, dans un ministere où la mort se presente presque à chaque pas, serviront à édifier, & à ranimer la pieté des Fidéles. A Paris, ce 30. Juillet* 1723.

TOURNELY.

PRIVILEGE DU ROY.

LOUIS par la grace de Dieu, Roy de France & de Navarre : A nos amez & feaux Conseillers, les Gens tenans nos Cours de Parlement, Maîtres des Requêtes ordinaires de nôtre Hôtel, Grand Conseil, Prévôt de Paris, Baillifs, Sénéchaux, leurs Lieutenans Civils, & autres nos Justiciers qu'il appartiendra; Salut. Nôtre bien amé le Sieur SAMSON, Libraire à Paris, Nous ayant fait supplier de lui accorder nos Lettres de permission pour l'impression d'un Livre qui a pour Titre: *Lettre d'un Religieux Benedictin à Madame l'Abbesse de Chelles, sur ce qui s'est passé de plus édifiant à Aix pendant la Contagion*, Nous lui avons permis & permettons par ces Presentes, de faire imprimer ledit Livre en telle forme, marge, caractere, conjointement ou separement, & autant de fois que bon lui semblera; & de le faire débiter par tout nôtre Royaume pendant le tems de trois années consecutives, à compter du jour de la datte desdites Presentes. Faisons deffenses à tous Libraires, Imprimeurs & autres personnes de quelque qualité & condition qu'elles soient, d'en introduire d'impression étrangere dans aucun lieu de nôtre obéïssance : à la charge que ces Presentes seront enregistrées tout au long sur le Registre de la Communauté des Libraires & Imprimeurs de Paris, & ce dans trois mois de la datte d'icelles; que l'impression de ce Livre sera faite dans nôtre Royaume, & non ailleurs, en bon papier, & en beaux caracteres, conformément aux Reglemens de la Librairie; & qu'avant que de l'exposer en vente, le Manuscrit ou Imprimé qui aura servi de copie à l'impression dudit Livre, sera remis dans le même état où l'Approbation y aura été donnée, és mains de nôtre très-cher & feal Chevalier Garde des Sceaux de France, le Sieur Fleuriau d'Armenonville;

& qu'il en sera ensuite remis deux Exemplaires dans nôtre Bibliotheque publique, un dans celle de nôtre Château du Louvre, & un dans celle de nôtre trés-cher & feal Chevalier Garde des Sceaux de France, le Sieur Fleuriau d'Armenonville; letout à peine de nullité des Presentes : du contenu desquelles vous mandons & enjoignons de faire joüir l'Exposant ou ses Ayans cause, pleinement & paisiblement, sans souffrir qu'il leur soit fait aucun trouble ou empêchement. Voulons qu'à la copie desdites Presentes, qui sera imprimée tout au long au commencement, ou à la fin dudit Livre, foy soit ajoûtée comme à l'Original; Commandons au premier nôtre Huissier ou Sergent, de faire pour l'execution d'icelles, tous actes requis & necessaires, sans demander autre permission, & nonobstant clameur de haro, charte Normande, & Lettres à ce contraires : CAR tel est nôtre plaisir. DONNE' à Paris, le dixiéme jour du mois de Septembre, l'an de grace mil sept cens vingt-trois, & de nôtre Regne le neuviéme. Par le Roy en son Conseil. Signé, CARPOT.

Il est ordonné par l'Edit du Roy du mois d'Aoust 1686. & Arrest de son Conseil, que les livres dont l'impression se permet par Privilege de Sa Majesté. ne pourront être vendus que par un Libraire ou Imprimeur.

Registré sur le Registre V. de la Communauté des Libraires & Imprimeurs de Paris. p. 360. N. 653. conformément aux Reglemens, & notamment à l'Arrest du Conseil du 13. Aoust 1703. A Paris le 30. Septembre 1723.

BALLARD, Syndic.

www.ingramcontent.com/pod-product-compliance
Lightning Source LLC
LaVergne TN
LVHW020402230826
846091LV00003B/1118
* 9 7 8 2 0 1 6 1 6 8 9 7 4 *